20代で伸びる人、沈む人

千田琢哉

きこ書房

「ライバルは、二〇代の自分です」

と言える三〇代は輝いている。

プロローグ
二〇代の過ごし方で、その後の三〇年が決まる

企業コンサルティングをしてきて、とくに気になったのは、クライアントの将来を背負う二〇代の〝のびしろ〟の大きさのちがいである。

会社ごとにちがうだけでなく、同じ社内でも雲泥の差があった。

入社した当初は、ほぼ同じスタートラインだったにもかかわらず、次第に目も当てられぬほどの差がついていく。

そして、それがそのまま企業の盛衰を決定づけることになるのだ。

二〇代の過ごし方で、その後の三〇年が決まる、といっても過言ではない。

二〇代でいったんついてしまった差は、二度と取り返しがつかない。

人生をマラソンに例える人は多い。

実際、人生はマラソンだ。

しかし、「最後までどうなるか分からないから、人生はマラソンである」という解釈は間違っている。

そうではなくて、「最初からトップ集団にしがみついていなければ、トップになれる可能性はない」という意味において人生はマラソンなのだ。


「最初のうちは、のんびり行こうよ」と呑気なことを言っているような連中は、すでに周回遅れのリストラグループだといっていい。

これからの時代、二〇代でのんびりしている人が、三〇代でその会社に残っていることは、まずない。

将来、出世を目指すにせよ、転職するにせよ、独立するにせよ、二〇代での仕事の姿勢が、そのままその後の人生を決定づける。

かっこいい三〇代を送っているビジネスパーソンは、二〇代の過ごし方の結果であり、かっこいい四〇代を送っているビジネスパーソンは、二〇代と三〇代の過ごし方でそうなっているのだ。

三〇代や四〇代になって慌てても、同じ土俵で戦う限り、二〇代で実力を蓄えたビジネスパーソンの部下にならなければならないことは、目に見えている。

どうせなら、かっこいい三〇代や四〇代を送るために、二〇代をきちんと一生懸命に生きたい。

二〇代で決まるのは、ビジネスの世界のみならず人生すべてにおいて共通する。

三〇代になると、もう一人前と見なされて二〇代で許されたミスも許されない。

どんなにがんばった人でも、三〇代で必ず「もっとやっておけばよかった」と後悔するのが二〇代だ。

後悔をゼロにできる人間なんていない。
その後悔の度合いを少しでも小さくなるようにして、三〇代に大きく羽ばたいてほしい。

三〇代や四〇代とはちがって、二〇代のうちはもともとの能力の差ではなく、ちょっとした心がけや気づきによって大きく飛躍するのだから。

次代創造館　千田琢哉

目次

20代で伸びる人、沈む人

第二章　勉強のしかた

第三章　上司との付き合いかた

第五章　同期との付き合いかた

第六章　顧客との付き合いかた

51
伸びる二〇代は、「自分がお客様の神様になろう」と考える。
沈む二〇代は、「お客様は神様である」と考える。

52
伸びる二〇代は、クレームを「時」「場所」「人」を変えて解決する。
沈む二〇代は、クレームをすべて一人で処理しようと抱え込む。

53
伸びる二〇代は、顧客のうち一人からとことん愛される。
沈む二〇代は、すべての顧客に愛されようとする。

54
伸びる二〇代は、顧客のうち一人からとことん嫌われる。
沈む二〇代は、すべての顧客に対して無難に対応できる。

55
伸びる二〇代は、新規開拓が苦手。
沈む二〇代は、新規開拓が得意。

第七章　お金の使いかた

70

伸びる二〇代は、自腹で会社の近くに引っ越す。
沈む二〇代は、独身寮から満員電車で片道一時間かけて通う。

エピローグ　友人は、失敗によってではなく成功によって失う。

第一章
仕事のしかた

伸びる二〇代は、陰口を言われる側。沈む二〇代は、陰口を言う側。

石器時代から現在に至るまで、人間には二通りのタイプしかない。

陰口を言いながら、一生懸命の人に対して「アイツ、何一人で熱くなってんだよ」と群がって陰口を叩く人間と、陰口を言われながらも自分が信じた道を貫いて、成功を収め続ける人間だ。

伸びる二〇代は、必ず陰口を叩かれた経験を持つ。これは、人類始まって以来共通の通過儀礼のようなものである。

対して、九九パーセントの野次馬は、自分が決して現状から動くことなく、評論家となって、挑戦者である伸びる二〇代にとって厳しい審査員になる。

ところが、九九パーセントの審査員たちは、結局のところ、将来は挑戦者である伸びる二〇代の世話になり、養ってもらうことになるわけだ。

この構図は、これから先の一〇〇〇年も変わることはないだろう。

だから、陰口を言われたくらいで、沈む二〇代グループに媚びてはならない。

それでは、沈む二〇代グループの思いのままである。

陰口は、伸びる二〇代にとっては、サクセスストーリーのテーマソングなのだ。

伸びる二〇代は、返事が速い。沈む二〇代は、返事が遅い。

返事を聞けば、将来がわかる。返事の質は、声の大きさでは決まらない。
もちろん、声は、小さいよりは大きいほうがいい。

しかし、声が大きくて気持ちのいい返事をしても、元気があるとはいえるが、
それがそのまま仕事ができるということにはならない。
返事の質はスピードである。

伸びる二〇代は、とにかく返事が速い。これは、声に出す返事だけではなく、
電話やメールのレスポンスも含む。

オフィスでの返事は〇・五秒以内でしなければならないし、電話やメールも、必ずその日中、仮に出張中であったとしても二四時間以内というのが暗黙のルールである。

返事のスピードを上げるだけで、社内外ともにあなたに仕事が集中するようになる。

つまり、量をこなすことができるから、質も向上していく。

やりがいのある仕事も任せられるようになることは間違いない。

沈む二〇代が、ウダウダ理屈をこねて遅い返事をしている間に、三〇代では一〇〇倍の仕事をこなせるようになっている。

伸びる二〇代は、朝に強い。沈む二〇代は、朝に弱い。

前日、夜明け前まで部署のみんなでの打ち上げがあったとする。

部員たちは、みな普段より遅く時間ぎりぎりに駆け込んでくるだろう。こうした日には、エレベーターも混雑しやすい。

ところが、いつも以上に早い時間に出社して、まるで昨日何もなかったかのように、一人清々しく仕事をしている二〇代が、どの会社にもいるものだ。

こうした二〇代は、将来確実に伸びる。

必ずしも、普段は特別早く出社しなくてもいい。

しかし、**周囲が「しかたないよね」というムードになる時こそ、伸びる二〇代は力を入れて相対的に目立つ。**

これは、ビジネスで成功するためには非常に大切な能力である。同じ努力をするにしても、どうせなら報われる努力をすることである。

沈む二〇代は、「しかたないよね」というムードに甘え切ってしまい、寝ぐせをつけたまま出社する。

普段は朝早く出社して、先輩社員の机の上をせっせと拭いているのに、それらの努力は「やって当然」とみなされてしまい、いつも努力が報われにくい。

伸びる二〇代は、AKY。沈む二〇代は、HKY。

伸びる二〇代も、沈む二〇代も、空気を読めないという点で共通している。

ところが、それは表面上のみである。伸びる二〇代は、場の空気に敏感であり、だれがどのような気持ちなのかが手に取るようにわかる。

そして、同じ空間にいる人間の、表向きのポジショニングから裏でのポジショニングに至るまで、素早く察知する。

その上で、鈍感を装いながら、

「(A)あえて(K)空気を(Y)読めない」ふりをする。

これによって、周囲は気を遣うことなく、その時間を快適に過ごすことができる上、信頼関係を結びやすい。

いっぽう、沈む二〇代は、「(H)本当に(K)空気が(Y)読めない」ために、失言も多く、周囲に気を遣わせる。

本人にとっては、いたって普通のつもりでも、サッパリその場の空気を読めていないために、相手が欲しいものを理解できない。

当然、仕事もできない。

その場に居合わせた人たちからは、「もうアイツは二度と呼ぶな」「関わりたくない」と疫病神の扱いを受けることになる。

伸びる二〇代は、名刺交換が美しい。沈む二〇代は、名刺交換が醜い。

名刺交換を見ると、その人の将来がわかる。

伸びる二〇代は、名刺交換の準備が早いだけでなく、自ら相手にさっと近寄っていく。

これは、名刺交換のみならず、人生の縮図である。

自分から移動することによって、自分自身の人生をコントロールしていくことの表われが、たまたま名刺交換という一動作に顕在化したに過ぎない。

大きなテーブルを挟んでの名刺交換も、お互いの手を伸ばし合いしても見苦しいだけだ。それなら、伸びる二〇代はさっと座席を離れて、相手の横までくるりと回って近寄る。

沈む二〇代は名刺交換の準備が遅いだけでなく、よく名刺を切らしているし、財布を名刺入れ代わりに使っている人までいる。

大きなテーブルを挟んだ場合にも、逆に相手が自分のところに来ても、平気な顔をしているくらいだ。

この時点ですでに勝負あった、である。名刺交換の時点でNGなら商談など無意味である。伸びる二〇代は名刺交換が美しく、沈む二〇代は名刺交換が醜いのだ。

伸びる二〇代は、締め切り前日に提出する。沈む二〇代は、締め切りギリギリに提出する。

依頼された仕事の提出する日で将来がわかる。

締め切りを過ぎても出さないというのは論外として、締め切りギリギリに提出するのもNGである。

仕事は締め切りに提出することが目的ではなくて、**締め切りまでには、依頼主の期待を超えるものを、手もとに届けることが目的なのだ。**

締め切りというのは、「最悪でもその日時まで」ということであって、締め切りを守れば合格ということでは断じてない。
沈む二〇代はそこを勘違いして、締め切りを守っただけで仕事ができたと思ってしまう。

締め切りが一週間前ということであれば、まず、その場で方向性の確認をすることだ。そして二四時間以内に大枠のラフ案を作成して依頼主に確認し、方向性のチェックをする。

その後もまめに報告・連絡・相談を繰り返しながら、締め切り前日には完成度の高いものを提出するのが常識なのだ。
これでいけば、コンペでも提出された提案は、つねに依頼主の期待を超えたものになるというわけである。

伸びる二〇代は、淡々としている。沈む二〇代は、威勢がいい。

沈む二〇代は、やたら威勢がよく、声も大きいことが多い。

つまり、第一印象は悪くないため、採用試験を通過しやすく期待されることも多い。

ところが、入社後間もなく判明することは、からきし仕事ができないという現実である。

いままでの元気が嘘のように、モノ憶えが悪く、言い訳も多く、動かない。

じつは、実力に自信がない人間に限って威勢がよく、元気にふるまって、自信のなさをカバーしようと必死になっていることが多いのだ。

いっぽう、伸びる二〇代は淡々としていることが多い。

別に元気であってもいいのだが、元気すぎる必要もない。

粛々と自分がやるべきことをやるのみであり、成すべきことを成すのみであることをよく知っている。

不必要にスタンドプレーをすることもなければ、上司にやたらと媚《こび》を売る必要もない。

威勢のいい人や、険しい顔をして腕組みをしている人というのは、実力があるわけでも思慮深いわけでもない。単に実力のなさがバレるのを恐れているだけなのだ。

伸びる二〇代は、アフター5を大切にする。沈む二〇代は、アフター5を会社に捧げる。

アフター5は、最高の市場調査の時間帯であり、自己研鑽の絶好のチャンスである。

そもそも、残業という仕事は存在しない。

残業が当たり前になった会社は、社員の人生を無駄遣いするだけではなく、世間とは浮世離れしたサービスや商品を提供し続けることになり、結局は姿を消すことになる。

大半の会社がそうであるように、時間ピッタリに仕事を終わられると、経営者や上司は、何やら損をしたような気持ちになるのだろう。

伸びる二〇代は自分がプロフェッショナルとして成長するためにアフター5を使うから、仕事をしたければするし、遊びたければ遊ぶ。

本を読んだり、資格試験の勉強をしたりしたければそうする。

いっぽう、沈む二〇代は、アフター5を会社に捧げる。

仕事もないのにだらだら残ったり、残業のための仕事をわざわざ作ったりする。

しかし、これからの世のなかで、どちらが生き残るのか、どちらが輝ける三〇代になるのかは明白である。

必ずしも会社が正しいとは限らない。

伸びる二〇代は、言い訳下手。沈む二〇代は、言い訳上手。

言い訳が天下一品の二〇代が、最近増えている。

驚くほどに口が達者で、こちらも一瞬「もっともだ」と妙に納得してしまう。

ところが、少し時間をおいてみると、まったく理屈が通らないような、幼稚な言い訳に過ぎないことがわかってくる。

じつは、二〇代の頃に言い訳上手で、口で逃げることを憶えると、三〇代以降は目も当てられない悲惨な人生を歩まざるを得なくなってくる。

何一つ自分ではこなすことができず、責任のとれない人間になってしまうのだ。

これには例外がない。

伸びる二〇代というのは、決まって口下手であり、言い訳下手であるため、何か失敗をやらかすとストレートに怒られるしかない。

その結果、**真の実力を付けざるを得ないために、コツコツと着実に仕事を習得していくことになる。**

結局、この調子で一〇年経つと、見事に仕事ができる三〇代になっており、後ろめたいことが何もないために、揺るぎない確固たる自信を持てるし、後輩からも尊敬される。

伸びる二〇代は、とりあえずやってみる。沈む二〇代は、「でも」が口ぐせ。

伸びる二〇代は、とにかく何でもとりあえずやってみる。二〇代というのは、そもそも何もできない時代である。

何もできない時代だからこそ、何でもやってみることが大切なのだ。

三〇代になると、「何もできないから、何でもやってみる」ということなど、とても許されない。

ところが、この何もできなくなってしまう三〇代予備軍である、沈む二〇代には共通の口ぐせがある。それは、せっかく様々な仕事を与えられるチャンスがあるにもかかわらず、「でも」と言ってそれを跳ね付けようとすることである。

依頼主は、「でも」というセリフをもっとも嫌う。

「この資料を午後イチまでにまとめておいて」「でも…」

「今日の会議の議事録を明日の朝イチまでにまとめておいて」「でも…」

この繰り返しでは、次第に仕事をもらえなくなり、チャンスも激減する。結果として、本来経験すべき仕事を習得することなく三〇代に突入となり、後輩から見ても「年を取った先輩」と見られかねない。

第二章

勉強のしかた

伸びる二〇代は、本をあげる。沈む二〇代は、本を借りる。

不思議なことに、二〇代のうちから二通りの人間に分かれる。本をあげる側と借りる側である。

本をあげる側というのは、自腹で本を購入して給料のかなりの部分を、自分の脳みそに投資している。

本に限らず、映画や音楽、セミナーなどにも共通する。

カバンには、つねにいま読んでいる本が入っている。それを知った周囲の友人知人は、興味本位で「ちょっと面白そう」と感じた本を見つけたら、「貸して」

と平気で言う。
この「貸して」と言った人は、残念ながら、その後の人生を「貸して」と顔に書いたまま送ることになる。

伸びる二〇代は自腹で本を買い、自分の頭に投資し続けるため、三〇代になる頃には、それを実践に活かして頭角を現す。

もちろん、読み終わった本を「貸して」と頼まれれば、本はどうせ返ってこないことをよく知っているから、「あげる」ことを選ぶ。
しかし一〇年後、気がつくと「あげた」人間と「借りた」人間の関係は、上司と部下になっている。

伸びる二〇代は、移動時間にオーディオブックを聴いている。沈む二〇代は、移動時間に大音量の音楽を聴いている。

移動時間ほど無駄な時間はない。

もちろん、何か課題があって思索するには絶好の時間である。それ以外には、ボーッと吊り皮につかまって、窓に映る自分の顔を眺めていても埒《らち》が明かない。

車の移動では、ラジオや音楽を鳴らしていても無意味である。

二〇代の頃に移動時間を学習に充てた人と、ボーッと過ごした人の差は、三〇代になって取り返すことは不可能である。

甘めに試算してみよう。毎日二時間の移動時間で、一年間二〇〇日稼働したとして、それを一〇年間繰り返すとすれば、二時間×二〇〇日×一〇年間＝四〇〇〇時間。四〇〇〇時間を一日二四時間で割ると、一六六日余りの時間に匹敵する。

これは、**毎日一〇時間の猛勉強を一年間繰り返したのと同じだけの量である。**

けっこう難関な資格を取得するのに十分な時間を、宝に変えるかゴミ箱に捨てるかは本人次第。

移動時間に伸びる二〇代はオーディオブックなどを聴いて自己研鑽し、沈む二〇代は大音量で音楽を聴いている。

伸びる二〇代は、本業の技をとことん磨く。
沈む二〇代は、資格試験に逃げる。

自己研鑽で資格試験の専門学校に通ったり、細切れ時間を上手に活用したりしている二〇代も多い。

こうした現象を見て、「勉強熱心でよろしい」と思う人もいるかもしれない。

しかし、本業に無関係の資格であれば、効率が悪い。

保険会社の商品開発室に勤務している人がアクチュアリーになるために勉強するとか、会計事務所に勤務している人が、会計士になるために勉強するというなら話はわかる。

しかし、単に仕事ができないから、評価されないから、逃げ場として資格試験を目指して勉強しているふりをしている場合は絶望的だ。

仕事ができるビジネスパーソンは、たいてい自動車運転免許しか持っていないことが多かった。

別に資格試験を取得してはいけないわけではない。

ただ、**現実逃避に資格試験を利用するな**といっているに過ぎない。

伸びる二〇代は、本業の仕事を徹底的に学び、その過程で必要に応じて資格試験を取得することもあるが、沈む二〇代は現実逃避に資格試験に走る。

伸びる二〇代は、自社の歴史を学ぶ。沈む二〇代は、社内ニュースを追いかける。

自社の歴史を知らない二〇代が多い。否、三〇代以上になっても自社の歴史に無関心という人も少なくない。

しかし、こうしたビジネスパーソンの大半は窓際である。

伸びる二〇代は、自社の歴史に対して関心を示し、どのように生まれて、どのような理念のもとで今日まで存続してきたのかを把握している。

これは、会社オタクになれというのではない。

自社の歴史を知り、自社に誇りを持ち、自社愛をきちんと持つことが、日々の営業活動に極めて効果的なのだ。

通常、価格競争や風評被害などで大半のサラリーマンは逃げ腰になるものだが、自社に誇りと愛を持っているビジネスパーソンは、ちょっとやそっとのことでたじろぐことはない。

これが三〇代になってから非常にいい顔をつくるのだ。

いっぽう、沈む二〇代は社内ニュースやゴシップばかりを追いかけ続けて、結局〝寄らば大樹の陰〟ですっかり魅力のない人間になってしまう。

なかには社長の名前を漢字で書けないような人もいる。

伸びる二〇代は、業界の歴史を学ぶ。沈む二〇代は、今日のニュースを暗記する。

伸びる二〇代は自社の歴史のみならず、業界の歴史にも非常に強い関心を示す。学問というのは、究極は自然科学と歴史のみである。そのくらい歴史というのは大切なのだ。

不況になると必ずといっていいほど叫ばれる〝原点回帰〟も、結局は歴史をきちんと把握していなければ難しい。

換言すれば、業界の歴史を学んでいれば、いざとなった時にどのような対応をすればいいのかの発想も、自ずとハイレベルになる。

いっぽう、沈む二〇代は今日のニュースに左右される。日々のニュースも知っておく必要はあるが、決定打にはならない。なぜなら、それらは単に表面化した現象面に過ぎないからである。

何ごともそうだが、上っ面の知識を暗記するのではなく、その基になる幹を把握することが大切だ。

まったく新しい何かが起こった際にも、その解決策が見付けやすくなることは間違いない。

過去のなかに模範解答があるのではなく、過去のなかに発想のヒントがある。

これが、温故知新である。

伸びる二〇代は、一年を一分野の勉強に充てる。沈む二〇代は、気がついたら一年経っている。

伸びる二〇代は、年間計画で何かしらの目標を立てて勉強しているものである。

何も勉強は資格試験だけではない。

今年のテーマは日本地理を、来年のテーマは日本の歴史を、再来年のテーマは世界経済を…というようにしていくと、気楽に様々な分野に詳しくなって、ビジネスの商談や決断の際にも非常に役立つことは間違いない。

一年を一分野の勉強に充てれば、一〇年で一〇分野、三〇年なら三〇分

野に詳しくなる計算だから、考えるだけでも壮大な夢のように感じるだろう。

いっぽう、沈む二〇代は、ただ何となく時が過ぎていき、気がついたら一年経っている。

一〇年とは「何となく」が一〇回繰り返されるだけであり、三〇年とは三〇回繰り返されるだけである。

人は年齢を重ねれば賢くなると思いこまれているが、残念ながらそれは美しき誤解である。

気がついたら、一年経っている二〇代は三〇代になっても何も変わっておらず、肉体が衰えるくらいである。

伸びる二〇代は、コピーを取りながら資料に目を通す。沈む二〇代は、単にコピーを取る。

コピーの取り方一つ見ても、伸びる二〇代と沈む二〇代はちがう。

伸びる二〇代は、コピー取りも非常にイキイキしながらやる。

コピー取りという作業が面白いからではもちろんない。**大切な資料に目を通しながら勉強できる**からである。

当たり前だが、コピー取りの間にすべての資料を熟読できるわけではない。しかし、速読や通読は不可能ではない。

実際に会議で配布される資料には、一枚ずつ熟読している時間などない。三枚程度の資料でも、いっさい目を通す時間を与えられることなく説明に入っていくことが大半だろう。


こうした時でもできるビジネスパーソンは、配布されている最中に概要をつかんでしまうくらいのことはやってのける。

これは、二〇代の頃にコピー取りをしながら身に付けた訓練の結果なのだ。


沈む二〇代は、単にコピー取りを単純作業として捉えているために、目が沈んでおり、じつに退屈そうに嫌々こなしていることが多い。

すべてにおいてこの姿勢が表れる。

伸びる二〇代は、社内の人間模様を黙って観察して社外に活かす。沈む二〇代は、社内の噂話で終わる。

伸びる二〇代は、社内でも有意義な時間を過ごす。

別に社内政治に精を出すわけでもなく、出世レースに関心があるわけでもないが、人間に興味があるのだ。

社内の人間模様の観察は、社会の縮図である。様々な生い立ちを持った人間が、様々な利害関係を持って、様々な価値観で生きている。

人は切羽詰まった際に本音が出る。

人の本質を理解するのに、社内の人間観察ほど最適なものはない。心理学の本を生半可に読むよりは、よほど勉強になるだろう。

社内で学んだ人間関係は、将来人の上に立ったり、大きなプロジェクトでチームを組んで進めたりする際に必ず役立つ。

そして何よりも、社外で顧客に対してより質の高いサービスを提供する際にこそ力を発揮する。

いっぽう、沈む二〇代はせっかくの社内の人間観察の場を、単なる噂話で終わらせてしまう。

噂話そのものが会社の楽しみの一つになってしまっては、三〇代以降の人生は非常にさびしいものになる。

伸びる二〇代は、会社のビジネスモデルを吸収する。沈む二〇代は、会社の経費の落とし方を吸収する。

会社には、すべてビジネスモデルというものが存在する。

ビジネスモデルとは、お金儲けの仕組みである。それは、いちいち会社案内などでバカ正直に説明などしていないし、研修でも教えてくれない。

あくまでも自分でつかまなければならない。

伸びる二〇代は、自分の会社のビジネスモデルは何かを浮き彫りにすることに真剣である。

「どのように自社の商品を購入してくれる顧客を見つけるのか」「どのように販売すればもっとも粗利益が捻出できるのか」「どのように商品やサービスを提供すれば顧客はリピーターとなり、口コミで拡げてくれるのか」といったことを、つねに考える。

その結果、最終的にはどのくらいの利益が出て、最近の業績の推移や業界内の順位はどうなっているのか、と視野を拡げていく。

将来幹部になっても、独立開業するにしても、ビジネスモデルを知っておくことは必須である。

沈む二〇代は、会社のビジネスモデルには無関心だが、経費の落とし方には研究熱心である。

伸びる二〇代は、社外にも師匠を持つ。
沈む二〇代は、社内の人間関係で精一杯。

伸びる二〇代には師匠がたくさんいる。もちろん、社内にも師匠がいるが、社外にも師匠は多い。

また社内、社外というだけではなく、師匠の年齢の幅も広い。師匠といえば普通は年上をイメージするだろう。

しかし、伸びる二〇代には年下の師匠も少なくない。

じつは、年下の師匠が持てるか否かというのは、人生を成功させるには非常に大切な要素なのだ。それは二〇代の頃からすでに決定づけられているといっていい。年下にも師匠を持つことによって、師匠の数は一気に倍増するのだ。

二〇代で社外に年下の師匠を持てなければ、その人は一生、年下の師匠を持つことはない。

いっぽう、沈む二〇代は社内の人間関係で精一杯であり、社外に目を向けている余裕などない。

社外に師匠の少ない人が、社内には多いかというとそんなことはない。

社内外ともに師匠が多い人と、社内外ともに師匠が少ない人のいずれかしかいないのだ。

師匠の数と人生を成功に導く可能性は比例すると断言していい。

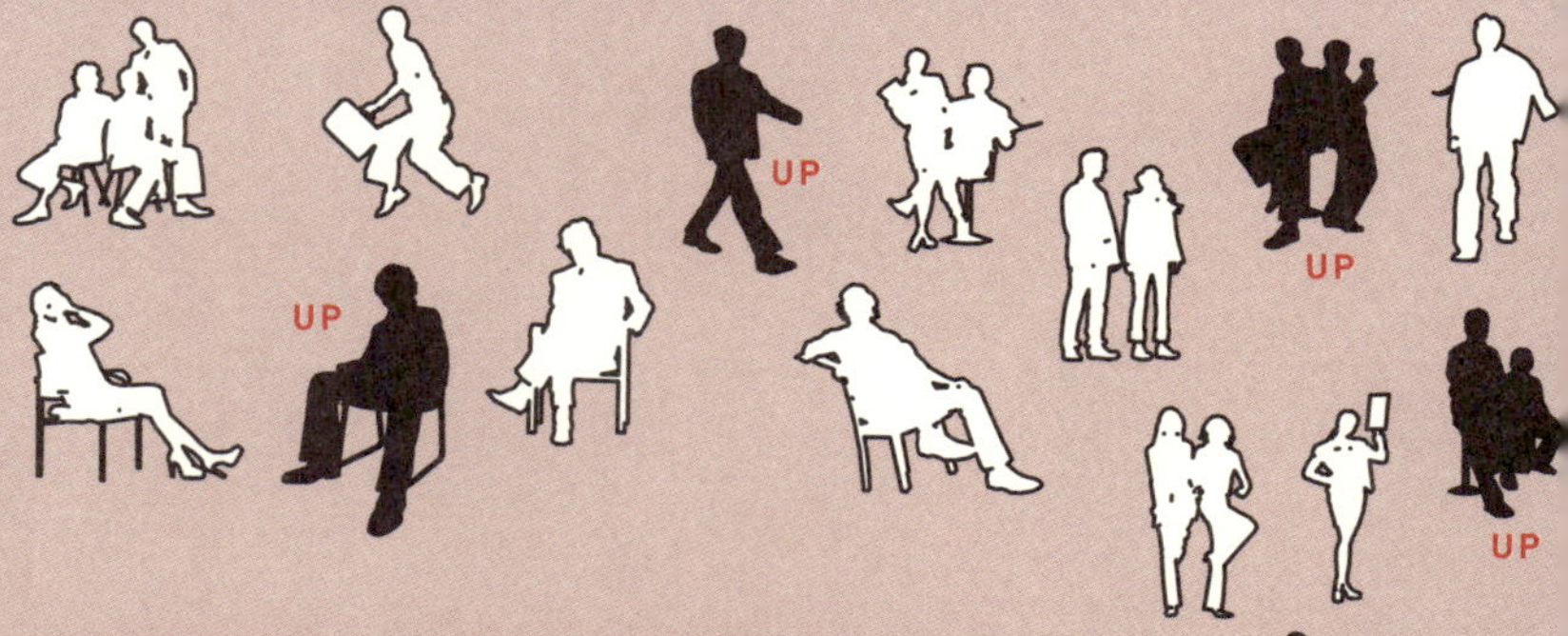

第三章

上司との付き合いかた

伸びる二〇代は、上司を最初の顧客と考える。
沈む二〇代は、上司を野良犬と考える。

二〇代にとって、最初の顧客は上司である。

上司を満足させられないようでは、顧客を満足させられない。厳しい上司、嫌な上司、わがままな上司の下に配属されたら、それはラッキーである。

その下で鍛え上げられれば、顧客に接触する際にギャップが小さくなり、さらに様々なバリエーションが身につくからである。

逆に、甘い上司の下に配属されてラッキーと思っているようでは相当甘い。

力がつかないからではない。低いレベルのサービスに慣れ切ったただらしのなさから、将来、顧客から必ず見離されてしまうのだ。

三〇代になってから顧客が離れて行ったことを後悔しても、時すでに遅しなのだ。

沈む二〇代は、上司を野良犬と考えてとにかく逃げ回る。なるべく追いかけ回されないようにと、あの手この手を使って逃げようとするが、それでは逆に大きなチャンスを逃していることになる。

上司を顧客と捉えると見方が変わってくるはずだ。同時に、接し方も大きく変わり、楽しめる。

伸びる二〇代は、上司を立てる。沈む二〇代は、上司に媚びる。

伸びる二〇代は、上司を立てるのが上手い。

沈む二〇代は、上司に媚びるのが上手い。

「立てる」と「媚びる」は似ているように思うかもしれないが、まったく異なるものだ。

「立てる」というのは相手の利益のためであり、「媚びる」というのは自分の利益のためである。

自分に実力があるということを相手に認めてもらっている前提で、相手を主役にして、相手が評価されるように事を運んで行くことが「立てる」である。

自分に実力がないがゆえに、自分の身を守るにへりくだるしかない、という状態が「媚びる」である。

もちろん、最初の頃はだれもが実力などないのだから、媚びるしかないわけだ。しかし、入社後数年経っても媚び続けているようではいけない。それは恥ずかしいことである。

じつは、媚びるという行為は一度慣れてしまうと非常に楽な行為であり、三〇代になっても続けてしまう。何といっても、努力して実力を付ける必要がない、この上なくお手軽な方法だから。

伸びる二〇代は、たまには上司にご馳走する。沈む二〇代は、毎回上司におごられる。

上司からおごられるのは当たり前だ、と思っている二〇代は多い。

自分より年収が多いから、年上だから、そういうものだから、というのは理由にならない。

組織内において、直接的にせよ間接的にせよ、より多くの利益をもたらしたと評価されたからこそ、それ相応の年収を獲得しているわけであって、本来なら二〇代のほうが給料をもらい過ぎなのだ。

また上司には家庭があったり、住宅ローンで家計が苦しかったりすることも少なくない。その点、二〇代は独身の比率も上司よりは高いだろう。

所帯を持った三〇代、四〇代よりも可処分所得という観点でいえば、独身の二〇代のほうが多いといえなくもない。

そして何といっても、**上司には仕事を教えてもらったという恩を忘れては、もはや人間ではない。**

沈む二〇代は決まって毎回上司におごられるが、伸びる二〇代は何か一パーセントでも理由を見つけては、何回かに一回は逆にご馳走することが多い。

別に無理をする必要はない。自分のお気に入りの店でいい。

伸びる二〇代は、上司に「若造のくせに生意気だ」と言われた経験を持つ。沈む二〇代は、そもそも上司の記憶に残らない。

三〇代や四〇代で頭角を現している人を見ると、決まって二〇代の頃は「若造のくせに生意気だ」と言われた経験を持っている。

もちろん、ずっと「生意気なヤツ」というレッテルを貼られ続けたまま終わってしまっては、組織のなかで上昇していくことなどできるわけがない。

フリーランスでやっていくにも不都合であることが多い。

伸びる二〇代は「生意気」だと言われ続けながらも、途中でだれしもが伝え方の勉強をするなどして軌道修正を行っていくわけだ。

しかし、勘違いしてはならないのは、「生意気だ」と言われたことがないからといって、安心してはならないということである。

「若造のくせに生意気だ」というのは換言すれば、「若いのになかなかやるじゃないか」ということの裏返しに他ならない。

沈む二〇代は、生意気ではないのだが、そもそも記憶に残ることがない。

可もなく不可もないような記憶に残らない程度なら、悪印象でもいいから記憶に残ったほうが絶対にいいのは、採用面接と同じだ。

伸びる二〇代は、上司に報・連・相を徹底している。沈む二〇代は、上司にいつも事後報告。

新人の頃、社会人の基本で「報・連・相」が大切だということは、ほとんどの会社の研修で習うことである。

しかし、「報告」「連絡」「相談」のそれぞれの意味をきちんと理解している人は少ない。

これを理解していないと、実行できるはずがないし、継続などあり得ない。

「報・連・相」は逆から時系列になっているのだ。

「相談」は何かを始める際に、事前に話を持ちかけることであり、「連絡」は途中経過を逐一知らせることであり、「報告」とは結果を知らせることである。

仕事は失敗してもいい。しかし、失敗にもよい失敗と悪い失敗がある。

悪い失敗というのは、「報・連・相」を怠ったために、周囲の叡智を活かさなかった失敗だ。

よい失敗は、「報・連・相」を徹底し、周囲の叡智を活かしきった上での失敗だ。言い訳できないくらいの失敗なら、必ず学ぶべきものがある。

伸びる二〇代は、つねに周囲の叡智を活かし、沈む二〇代はいつも事後報告で叡智を活かさない。

伸びる二〇代は、代表で上司によく怒られる。沈む二〇代は、代表の横に隠れて上司の怒りを免れる。

伸びる二〇代はよく怒られる。もちろん、ミスをした時も怒られるが、一番多いのは、二〇代の代表で怒られることだ。

二〇代は、みんなまだ役職がないにもかかわらず、実際には一〇人いたら一番から一〇番まで綺麗に序列は決まっている。

そのなかで、実質的なキャプテンである一番の実力者に怒るのである。

すると、二番から一〇番も「アイツが怒られるくらいだから…」と素直に聴く耳を持つことができる。

上司にしても、トップの人間のほうが普段認めている分、怒りやすい。ところが、沈む二〇代は、キャプテンであるトップが怒られている時にいつも横に隠れ、怒りを免れていることに喜びさえ感じているものだ。

人間、こうなったらおしまいだという典型的な例である。

怒られないのではなくて、相手にされていない、スタートメンバーとして数えられていないということに早く気づかねばならない。

怒られなくなったらおしまいだ、というのは本当だったのだ。

伸びる二〇代は、上司のモノマネができるようになる。沈む二〇代は、上司に似ることをひどく嫌う。

伸びる二〇代は、上司のことを師匠として、よい部分もそうでない部分も含めて徹底的にしゃぶりつくす覚悟がある。

極端な話、上司のモノマネを何時間でも続けられるくらいに、すべての言動を刷り込んでいる。

これは、仕事を少しでも早く憶えるためでもあるが、上司の思考を完全に模写することによって、仕事を進めやすくするということである。

仕事というのは、どんなにすばらしいアイデアが生まれても、途中過程でボツにされてしまうものが山のようにある。

その大半が、二〇代から三〇代や四〇代の中堅社員に伝わる過程で潰されてしまうのである。

しかし、その**三〇代や四〇代の上司の思考パターンを習得しておけば、アイデアの通しやすさが手に取るようにわかる。**

つまり、実現しやすいわけだから、日々の仕事にも断然やりがいが出てきて、実力もつく。

いっぽう、沈む二〇代は上司に似ることをひどく嫌い、アイデアもよくもみ消される。いつまで経っても、思うような仕事ができない。

伸びる二〇代は、上司の給料が安くて気の毒と感じる。沈む二〇代は、自分の給料が安くて不満に感じる。

伸びる二〇代は、上司の給料も社長の給料も安すぎると感じている。

これは、実力がある証拠である。

仮に、新入社員の給料の一〇倍が社長の給料とすると、伸びる二〇代は「なんて社長の給料は安いんだ」「よくそんなに安い給料でやっていられるな」と思い、沈む二〇代は「社長はもらい過ぎだ」「独り占めしている」と憤る。

そして、自分の上司に至ってはせいぜい自分の倍や三倍程度の給料であることを知って、**「あまり無茶を言ってはいけないな」「たいして給料も変わらないのだから、困らせないようにしよう」と伸びる二〇代は気づく**のだ。

沈む二〇代は、自分の実力をいっさい顧みず、「自分の倍も、もらっていたのか」「飲食代など自分におごるのが当然」と思う。

とにかく自分自身の給料が安いとつねに不満に思っている。

自分の倍の給料をもらっている上司は、逆に自分の面倒を見て当たり前だと思いこみ、不満だらけである。

結局そうした内面が外に伝わり、不利な環境になる。

伸びる二〇代は、上司を早く出世させる。沈む二〇代は、上司の足を引っ張る。

伸びる二〇代は、まず自分の上司を早く出世させるように最大限の努力をする。
そうした思いは言動になり、上司に必ず伝わる。

すると、上司も人間であり、かわいがってくれるようになる。無意識のうちにあなたにとって、有利な環境を与えてくれるようになる。

有利な環境というのは、ズルをして成果を挙げたことにするという意味ではない。

あなたにとって、仕事がよりやりやすくなる、打ち込みやすくなるような環境を与えてくれることを意味する。

それによって、自分自身の成績も上がりやすくなり、上司も一緒に組織内でのポジションが上がりやすくなる。

だから、伸びる二〇代のいるチームは、全員が一緒に伸びていくことになり、沈む二〇代のいるチームは、全員が一緒に沈没していくことになる。

どうせなら、上昇気流のチームにいたほうが絶対に楽しいし、やりがいのある仕事に出逢うチャンスも桁違いに多くなる。

自分が上がるのではなく、上から引っ張り上げられるのだ。

伸びる二〇代は、陰で上司をほめる。沈む二〇代は、陰で上司をけなす。

仮に上司の前で文句を言っても、陰で言ってはならない。

陰口は、必ず巡り巡って相手に伝わるのはあなた自身もよく知っているはずである。

文句は面と向かって言うことであり、陰口は本人のいないところで言うことだ。

面と向かって言うのも腹立たしいと感じる上司もいるだろうが、陰で言われると、それがばれた途端に信頼関係はおしまいだ。

逆にいえば、面と向かって上司のよい部分を伝えるよりは、陰で上司をほめておいて伝わるほうが遥かに効果的といえる。

伸びる二〇代は、とくに「上司の上司」の前で自分の上司をほめる。

理由は簡単である。

一〇〇パーセント上司に伝わるからである。

「キミの上司の〇〇課長はどうかね」と部長に質問されたら、そこで普段から練りに練った言葉できちんとほめておくとそのまま伝えられるし、思いつくままにけなすと、言ってもいないことを上乗せされてボロクソに課長に伝えられる。

これにはまず例外がないといっていいだろう。

第四章

後輩との付き合いかた

伸びる二〇代は、後輩に〝捕まる〟。沈む二〇代は、後輩を〝捕まえる〟。

二〇代といっても、いつまでも新入社員というわけではなく、組織ではすぐに後輩が次々に入ってくる。

その際に、後輩をやたら捕まえてはレクチャーする二〇代がよく見られるが、それは「補欠の先輩」であり、典型的な沈む二〇代である。

補欠の先輩は大切な仕事が与えられることなく、時間を持て余しているから、教えることに対してのエネルギーが半端ではない。

新入社員にしても、右も左もわからないうちは素直にいうことを聴いているが、その後三か月や半年もすれば「補欠の先輩」の実体がわかるようになってくる。

すると徐々に後輩から避けられるようになり、ますます「補欠の先輩」は後輩を捕まえてレクチャーする。

そしてだれも寄り付かなくなった頃に、次の新しい新入社員が入ってきて、同じことを繰り返す。

いっぽう、伸びる二〇代は、つねに自分が学んでおり魅力的なため、反対に後輩たちに捕まって教えを乞われる。

学び続ける人間だけが、教えることを許されるのだ。

伸びる二〇代は、後輩に噂されるのを喜ぶ。沈む二〇代は、後輩の評判を気にする。

伸びる二〇代は、後輩から噂されることもまたよし、と判断する。

別に、噂されるのが好きというわけではない。噂というのは、よい噂もあり悪い噂もあるが、話題になっているということ自体をネガティブには受け止めない。

概して、噂というのはネガティブな噂が多い。しかし、噂されなくなったらおしまいだ。

だいたい、魅力のない人間を噂する人はいない。

噂されるということは、魅力のある証拠だ。

よい噂と悪い噂があるのではなくて、噂したくなるほど魅力的な人と、噂などしたくもならない人がいるだけだ。

いっぽう、沈む二〇代は後輩から噂されることをひどく気にする。

どんな噂が立っているか、その噂はよい噂か悪い噂か、どこまで知れ渡っているか…。

しかし、後輩の評判をむやみやたらに気にするような二〇代は、そもそも噂になっていない人ばかりだというのが共通点だ。

自分の評判を気にする人ほど、とてもではないが、噂するに値しないと思われている人ばかりなのだ。

伸びる二〇代は、後輩を叱る。沈む二〇代は、後輩を怒る。

伸びる二〇代は、後輩を叱ることができる。

沈む二〇代は、後輩を怒る。

「叱る」というのは、「相手のため」であり、そこに愛情が一パーセントでも入っていることである。

「怒る」というのは、「自分のため」であり、そこに愛情は存在しない。したがって、見かけは同じに見えても、結果として伝わるものはまったくちがう。

「叱られた」相手は、時間とともに自分の非を認め、感謝するようになる。「先輩は、自分に嫌われるというリスクがあるにもかかわらず、叱ってくれた」とわかるようになる。

ところが、「怒られた」相手は、時間とともに憎悪の念が積み重なるようになる。

「確かに自分にも非があったにはちがいないが、そうはいってもあれは単に自分は感情をぶつけられただけの被害者だ」と思うようになる。

真実というのは、時間が経てば経つほどに明らかになってくる。

わずか一パーセントの愛情のちがいも、時間の経過とともに、とてつもない差となって自分に跳ね返ってくるものである。

伸びる二〇代は、後輩に店を紹介する。
沈む二〇代は、後輩に店探しを丸投げする。

二〇代は、会社で開催される花見や宴会の会場の予約を任されることが多い。

二次会、三次会…も、しかりである。


この時に、伸びる二〇代は後輩に店を紹介できる。

「仕事もバリバリこなしながら、いったいどこでこんな店を見つけている時間がこの人にはあるんだ？」というギャップが、後輩からより尊敬されるのだ。

もちろん伸びる二〇代は、アフター5や休日にはプライベートをふんだんに活用して、市場調査も兼ねて、結果として勉強にもなっているのだ。

後輩もそれを真似ようと勉強する。

いっぽう、沈む二〇代は後輩に店探しを丸投げする。そもそもアフター5は残業だし、休日は昼過ぎまで寝ているか部屋でゴロゴロしているので店を知らないのだ。

新米は、嫌々ながらも店を探すのが「当たり前」となり、それがこの会社のしきたりになる。

じつは、こうした連鎖がその会社の商品やサービスを時代にマッチしたものにしていくか、世間と浮世離れにして見捨てられていくかを決定づけるのだ。

伸びる二〇代は、何かあったら後輩をかばう。
沈む二〇代は、何かあったら後輩のせいにする。

人は、〝際《きわ》〟の部分で本性を暴露する。

大失敗をやらかした、取り返しのつかないことをした、という際には、人はだれもが原因を自分以外に求めようと防衛本能がはたらくものだ。

伸びる二〇代は、際の部分で、まず原因を自分に求めようとする。

自分に起こったことは、どんなに無関係に思えることでも、一パーセントは必ず接点があるはずだ。

その原因が、どう考えても後輩にあったとしても、自分の指導が行き渡っていなかった、伝えたつもりが伝わっていなかった、という原因に結び付ける。

もちろん、後輩には二度とそのようなことが起こらないように厳しく注意をする。しかし、上司の前では後輩をかばい、自分にあったと思われる原因のみを述べる。後からこれを知った後輩は深く反省し、恩返しをしなければならないと思う。

結果としてともに咲いていく。

いっぽう、沈む二〇代は上司の前ですぐに後輩の名前を出す。

結果として足の引っ張り合いで負のスパイラルである。上司はすべてお見通しだ。

伸びる二〇代は、後輩の成果に拍手する。
沈む二〇代は、後輩の成果に嫉妬する。

二〇代で後輩に抜かれる経験はしておいたほうがいい。なぜなら、実力の世界は年齢や経験年数に必ずしも比例しないからだ。

スポーツを経験していればこんなことはすぐにでもわかる。ところが、「補欠の先輩」に限って年功序列を重んじる。

伸びる二〇代は、自分が世話をしてきた後輩の成果に対して拍手できる。後輩の成果は、自分自身の喜びと受け止めることができる。

もちろん、自分自身の実力も相当なレベルでなければ、単なる苦行になってしまう。

自分自身が未熟なのに、後輩の実力を認めるなんてとても無理だ。正々堂々とともに努力して実力を付けた結果、差が生じるのはしかたがないという考え方だ。

いっぽう、沈む二〇代は後輩の成果に対して拍手ができない。

嫉妬するからである。嫉妬はゼロにはならないかもしれないが、薄めることは可能だ。

自分が、いまいる位置から動かないで相手の足を引っ張るのではなく、自分の位置も高めながら、一緒に伸びていこうとすれば嫉妬は薄まる。

37

伸びる二〇代は、後輩と対等にディベートする。沈む二〇代は、後輩と上下関係を保ちながらねじ伏せる。

二〇代は血気盛んだ。当然、仕事上では激しい口論になることもあるだろう。これは、ぜひ経験しなければならない通過儀礼だといっていい。

ところが、この通過儀礼をきちんとプラスにできる二〇代とマイナスにしかできない二〇代がいる。

伸びる二〇代は、仕事においては後輩とも対等にディベートできる。

「だれが言ったのか、ではなく、何を言ったのか」を重んじる。

事実に基づいて、あるいは論理的に後輩が正しいと判断した場合には、潔く頭を垂れる。

いっぽう、沈む二〇代は、後輩と上下関係を保ちながら後輩をねじ伏せようとする。事実や論理的根拠は関係ない。

この結果、後輩からは二度と建設的な意見を聴くことができなくなり、さらに後輩の後輩からも意見が出にくくなるといった、腐敗した組織のきっかけになってしまう。

仕事において上下関係でねじ伏せようと思ったら、後輩からは先輩が気にいるだろう意見しか出てこなくなり、何の進歩もない組織になってしまう。

伸びる二〇代は、後輩に先にあいさつする。
沈む二〇代は、後輩があいさつするのを待っている。

あいさつのできる組織は、先輩社員が後輩社員より先にあいさつができる会社が多い。結果として、それが社内にあいさつがあふれるきっかけになるのだ。

究極は、トップである社長が、率先してあいさつができる会社は間違いなくあいさつにあふれる会社になる。

伸びる二〇代も例外ではない。後輩がこちらを知らずに歩いていても、視野に入った瞬間に名前を呼んで振り向かせてあいさつをするくらいである。

じつは、こうした何気ない行為は仕事の姿勢にもつながる。何ごとも、自分自身から動くということなのだ。

いっぽう、沈む二〇代は、後輩があいさつするのを黙って待っている。あいさつは後輩から先輩にするのが当たり前であり、自分からするのはおかしいと思っているのだ。

しかし、そうした考え方こそがおかしい。これでは、あいさつのみならず、すべてにおいて受け身の姿勢で終わってしまうだろう。

あいさつというのは、年齢・入社年次・役職・性別などにいっさい関係なく、すべて自らすべきものであり、待っているものではないのだ。

伸びる二〇代は、後輩と未来を語る。
沈む二〇代は、後輩と過去を語る。

伸びる二〇代は、つねに明るい話をする。明るい話というのは、「これから」の話であり、未来についてである。

暗い顔をして未来の話を語ることは難しい。

いっぽう、沈む二〇代は、過去の話が多い。もちろん、自社の歴史を振り返ることは大切であるが、前に進むための振り返りではなくて、現在を否定するための過去の話が多いのである。

たいていの場合、過去の話をする時の人の顔は暗いものだ。
つねに過去ばかりを振り返っていると粗探しが始まるか、過去の栄光の話で終わってしまい、そこから何か新しいことを生み出すといった、建設的でいいことは何一つ起こらない。

未来の話をし続けても、その内容が暗いものであれば、生きているのが嫌になってしまい、死にたくなってくるから、長続きはしないだろう。
未来の話は前向きで元気の出る話でなければ、続かないということなのだ。

だから、**伸びる二〇代は後輩とともに、つねに未来を語り合いながら、新しいものを生み出していくのだ。**

伸びる二〇代は、後輩に「それは過激」と止められる。沈む二〇代は、後輩を「それは過激」と止める。

伸びる二〇代は過激である。

社内の過激派から新しい付加価値のきっかけが生みだされるのに、せっかくの過激派を追い出してしまう組織が少なくない。

組織の成長性は、多様性に比例する。にもかかわらず、均一化しようとすると、一時的には使いやすい人材ばかりで心地よいかもしれないが、まもなく「イエスマン」は、からきし使えないことに気付かされるはずである。

伸びる二〇代は後輩に、「先輩、それは過激ではないですか」「ちょっと無茶過ぎませんか」と止められるくらいである。

いっぽう、沈む二〇代は後輩を、「キミ、それはちょっと過激じゃないか」「業界の常識からいって難しいだろう」と止めてしまう。

いつの時代も、二〇代の役割は、つねに過激であることで、既成の枠から逸脱した言動をすることが求められてきた。

それを元過激派だった三〇代や四〇代が、微調整してより受け容れ易くすることによって世に出していくのだ。

二〇代がお利口さんになった会社に未来はない。

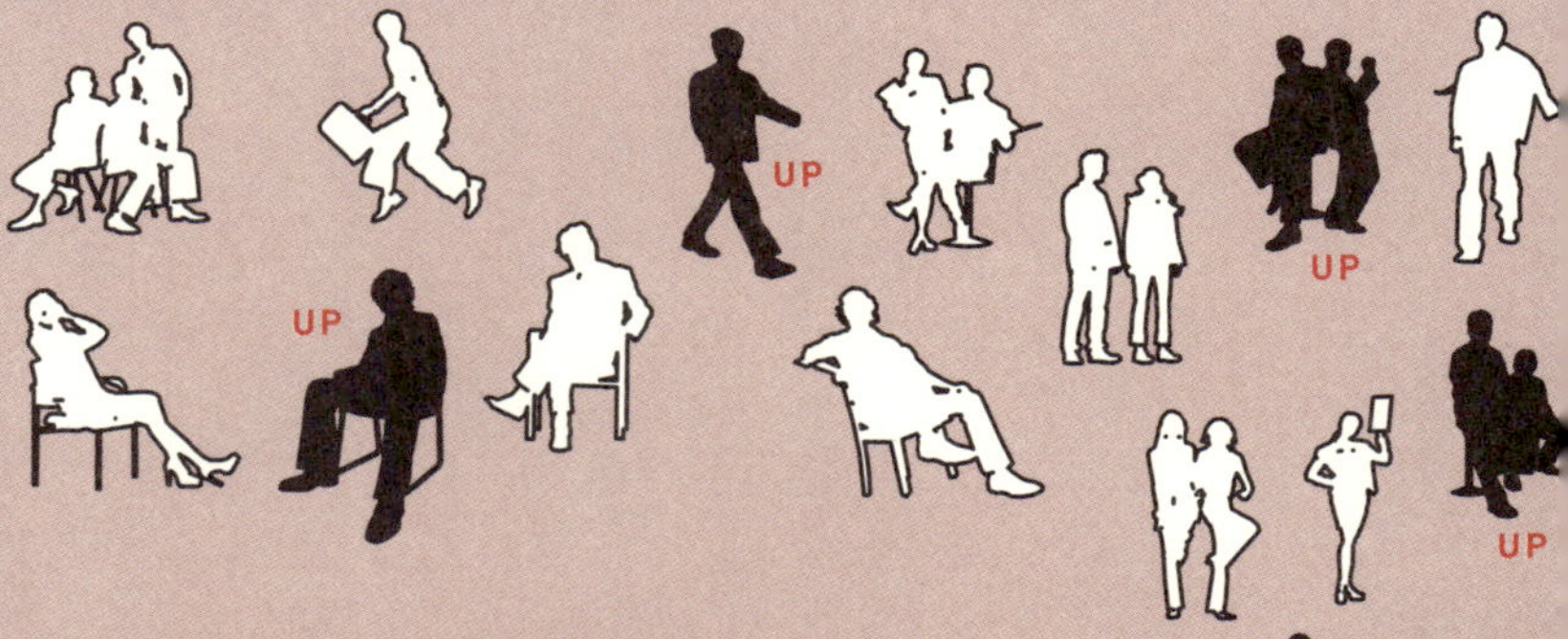

第五章

同期との付き合いかた

伸びる二〇代は、同期と水の如し関係。
沈む二〇代は、同期と甘酒の関係。

伸びる二〇代は、同期との付き合いはねちっこくない。

別に冷たいとか所詮は赤の他人というのではなく、いざとなった際に助け合いの精神や同期としての親しみはあるものの、ナァナァの関係ではないということである。

それは、あたかも水のようなサッパリとした関係である。つねにお互いが個の力を磨いていくことを忘れずに、一人ひとりが自立して、敬意をベースとした関係を保とうとする努力は怠らない。

いっぽう、沈む二〇代は、同期とはナァナァの関係になっており、会うたびに仕事や上司の愚痴に終始する。

お互いにもたれ合いで依存し合っており、個としての魅力を磨く努力を怠っている。

それは、あたかも甘酒のようなねっとりした関係であり、ちょっとしたことでトラブルを起こし、「裏切った」「裏切られた」という問題に発展し、絶縁状態になりかねない。

同期といえども、たまたま入社時期が一緒だったというだけで、互いに敬意をベースにした付き合いをしなければ、関係は長続きしない。

伸びる二〇代は、同期から嫉妬される。
沈む二〇代は、同期に嫉妬する。

伸びる二〇代は、同期から嫉妬された経験を例外なく持っている。

仮に嫉妬を受けるにしても、上司から、あるいは、部下から受ける嫉妬はまだマシである。

ところが、自分のなかでは仲間だと思って、信頼していた同期から嫉妬されていると気づいた瞬間は、だれもがショックを受けるものだ。人間不信に陥ることさえあるかもしれない。

しかし、**伸びる二〇代は同期から嫉妬されることによって、「人の嫉妬はどんなに親しい間柄でもゼロになることはない」という大切なことを学ぶ。**

これを学んだ二〇代と、学ばぬまま通過してしまった二〇代では将来、雲泥の差がつくことになる。

沈む二〇代は、同期に嫉妬することで二〇代という貴重な時期を終わる。

恐ろしいことに、二〇代を同期に対する嫉妬で終えてしまった沈む二〇代は、その後の人生で大逆転するということはもうほとんどない。

嫉妬して額に汗する同期に指さして、陰口を叩いているほうが遥かに楽で、その場限りの快楽に浸れるからである。

伸びる二〇代は、同期と競合しない。
沈む二〇代は、同期が最大のライバルである。

伸びる二〇代は、同期と競合しない。それは無意味であることをよく知っているから。

結局、同期で競い合わせるのは会社の都合であり、それに乗っかるのは得策ではない。

なぜなら、それは大量の不幸になる人間を産み出すことになり、心から幸せを感じることなどできないからである。

相対的な力をつけるのではなく、絶対的な力をつけることを目標にする。

ところが、沈む二〇代は、同期がみなライバルということを強く意識して、つねに自分が同期のなかでどのポジションなのかを把握するように努めている。

しかし、いくら客観的に自分のポジションを把握できても、実力がつくわけでもなければ、上司から引っ張り上げられるわけでもない。

最大のライバルは同期である、という人生を三〇年間歩み続けた人間は、だれからも尊敬されることなく人生を終えることは間違いない。

下手をすると、周囲がみなライバルと警戒していた割には、からきし出世できなかったりするものである。

伸びる二〇代は、同期のトップとビリと仲がいい。沈む二〇代は、同期の中間層と群がる。

その集団の個性は、トップ集団とビリ集団にこそよく表れるものだ。

トップ集団は実力があるがゆえに、その会社の上澄みのエキスを見事に吸収している。

ビリ集団は、すでに周回遅れになっていることを自覚しているため、とっくに出世もあきらめており、悟りの境地を開いて社内の様々な現象や人間模様の観察ができている。

大きな組織にコンサルティングに入った際に、もっともその会社のことを客観的に見ているのは、会社の幹部でもなければ新入社員でもない。
掃除係のおばちゃんである。

人によっては、コンサルタント顔負けの観察力で、鋭くその会社の将来を察知している人もいるから要注意である。

伸びる二〇代は、自分と同じトップ集団だけではなく、ビリ集団にも敬意を払って関係を保っている。

沈む二〇代は、トップ集団には溶け込みにくく、かといって、ビリ集団と付き合うのもプライドが許さない。

つねに、中間層と群がってぬるま湯に浸かって、ともに沈んでいくのだ。

伸びる二〇代は、同期のマドンナと一度は交際する。沈む二〇代は、同期のマドンナに憧れるだけ。

伸びる二〇代は、モテる。

成功してからモテるのは、本当にモテることにはならない。

成功してからモテるのは、所詮、お金や名誉に群がってきた後追いに過ぎない。

伸びる二〇代は、名もなく貧しい二〇代のころからモテる。異性が放っておかないのだ。

ルックスや服の着こなしでは、本物の異性はごまかせない。本物は、才能があるか否かの本質を見抜くからである。

どんな分野でもいいから輝ける才能が潜んでいると、必ずそれはオーラとなって放出される。

それに本人が気づいて、磨きをかけて仕事に活かして、影響力を与えていくのが、究極の伸びる二〇代である。

結果として、同期のマドンナと一度は交際することになるわけだ。

これは偶然ではなく必然である。

沈む二〇代は、同期のマドンナにたんに憧れて遠くで眺めて噂するだけである。

これは、何も男女の交際の話だけをしているのではない。

人生全般において、望んだものを手に入れる人間と、望んだものを陰で眺めているだけの人間に分かれるのである。

伸びる二〇代は、同期との飲み会は情報交換に徹している。
沈む二〇代は、同期との飲み会は気晴らしの悪口大会になる。

伸びる二〇代は、毎回ではないにしても時間さえ許せば同期の飲み会に顔を出す。

しかし、二次会、三次会と日付が変わるまで、ダラダラとした付き合い方は決してしない。

一次会で密度の濃い情報交換をして、参加費をさっと支払ったかと思うと、二次会の場所を決めるための「どうする、どうする」合戦で群がっている集団には入っておらず、さっさと姿を消しているものだ。

また、それが名残惜しさを感じさせるために、より魅力を増す。別に、スパイのように極秘情報をキャッチするためではない。

同期の表情の変化や、近況を楽しく教えてもらいながら、どんなことでもヒントに変換して、日々の仕事にそれを活かすのである。

沈む二〇代は、同期との飲み会を心から楽しみにしており、二次会、三次会……、と日付が変更されるまで、悪口大会で気晴らしする。

お互いに悪口で盛り上がっている最中は楽しいものだが、帰りのタクシーや電車、独身寮の部屋で一人になると、急に虚しくなる。

47

伸びる二〇代は、同期の輪から一日も早く卒業する。
沈む二〇代は、同期の輪にいつまで経ってもこだわり続ける。

伸びる二〇代は、同期を大切にはするものの、同期全体の輪にいつまでもこだわることはない。

それよりは、同期のなかで特定の個性を持った人間との接点を保ちながら、ごくたまに会うくらいである。もちろん、たまに会う時間の密度は極めて濃い。

同期の輪は、あくまでもきっかけであって、手段であると解釈している。

いっぽう、沈む二〇代は、同期の輪そのものが目的になってしまっており、いつまで経ってもこだわり続ける。

同期の輪は年々小さくなっていき、三〇代、四〇代になると、レギュラーメンバーは、どいつもこいつもそっくりの顔ぶれになっている。

下手をすると三〇代、四〇代になっても、人脈は年々縮小する同期会のメンバーだけ、ということにもなりかねない。

ますます同期会にしがみつきたくなるから、同期の輪から抜け出そうとする人間を、裏切り者呼ばわりまでしてしまうようになる。

こうした同期の輪になったら、中年になった頃には、すっかり世のなかから取り残された集団になってしまう。

伸びる二〇代は、同期との割り勘の端数は自分が支払う。沈む二〇代は、同期との割り勘の端数まで細かく分け合う。

支払いのしかた一つとっても、伸びる二〇代と沈む二〇代はちがう。

伸びる二〇代は、支払いの際に列に並んでいる後ろの人の迷惑や、レジの人の手間を考えて、端数はすべて自分が支払う覚悟で会計を済ませる。

たとえば、一人当たり三一八〇円とすると、きれいに割り勘しようとすれば必ず小銭がないとか千円札が足りないなどといった人が出てくるものだ。

こういった時には、あっさり一人三〇〇〇円ということで一八〇円×人数分は自腹を切ることだ。

普段こうした付き合いをしていると、反対に一人当たり三九五〇円となった場合でも、四〇〇〇円請求してもだれも文句を言わない。

いっぽう、沈む二〇代は、支払いの際に端数まできっちりと計算してもたつくことが多い。

結果として店を出るのが遅れたり、レジで行列をつくらせたりして、自分たちだけでなく他人の時間まで泥棒する。

じつは、仕事でも同じことをしている。

正しいことを追求するあまり、大切なことを忘れてしまうのだ。

伸びる二〇代は、同期で〝ちょっといい人〟を目指す。沈む二〇代は、同期で〝一番いい人〟を目指す。

変な言い方をするが、伸びる二〇代は同期のなかで一番いい人を目指さない。かといって、ドライで冷たいという印象もない。

どちらかといえば、いい人には属するが、いい人の代表ではない。

自分に余裕があり、約束できる時には頼まれごとも引き受けることがあるが、自分自身が一杯いっぱいで約束できない時には、きちんと断っている。

自分の分をわきまえており、分不相応のことをして迷惑をかけない。いい人というのは、お人よしということである。

沈む二〇代は極めてお人よしである。

同期で一番いい人を目指してしまい、自滅していく。いい人だから、同期から頼まれたことは快く引き受けて、すべて完璧にそつなくこなそうとする。

ところが、それはいつか必ず限界がやってくる。

限界がやってきてお手上げ状態になったとしても、小学生の頃の学級委員のように、残念ながら学校の先生がやってきて助けてはくれない。

二〇代のうちに、断ることを憶えておくことも大切なことだ。

伸びる二〇代は、同期に〝裏切った〟経験と〝裏切られた〟経験の両方の認識がある。沈む二〇代は、同期に〝裏切られた〟認識だけがある。

伸びる二〇代は、同期を「裏切った」という認識と「裏切られた」という認識の両方があるために、「今後の人生においては、人に裏切られることはあっても、人を裏切ることだけはやめよう」と心に誓っている。

いっぽう、沈む二〇代は、同期に「裏切られた」という認識だけがあるために、つねに被害者意識を抱えており、人間不信に陥っている。

じつは、伸びる二〇代も沈む二〇代も、同様に同期を「裏切った」ことも「裏切られた」こともあるが、本人が認識しているか否かの差でしかない。

つまり、本当は同期を裏切ったにもかかわらず、本人に自覚症状がないというのが、まさに沈む二〇代の特徴なのである。

身近の小さな裏切りに遅刻がある。遅刻したことがないという人はいないはずだ。

しかし、不思議なことに、いつも自分は遅刻されて待たされてばかりである、という自称被害者は多い。

人の気持ちをわかるためには、遅刻して迷惑をかける経験も一度は必要だ。

人の痛みがわかるから。

第六章

顧客との付き合いかた

51

伸びる二〇代は、「自分がお客様の神様になろう」と考える。沈む二〇代は、「お客様は神様である」と考える。

研修の教科書では、「お客様は神様である」と教わる。

ところが、これをそのまま鵜呑みにして実践すると、必ず挫折することになる。

お客様は神様どころか悪魔のようにわがままになって、あなたを苦しめるようになるだろう。

お客様を丁重に扱えば扱うほどに相手は基準が高くなり、「もっと、もっと」がエスカレートし、次第に「あれもやってくれ」「これもやってくれ」「でもお金はこれだけしか払わない」というようになってくる。

沈む二〇代は、研修の教科書で習った「お客様は神様である」をそのまま信じ込んでしまい、将来自分で自分の首を絞めるようになる。

伸びる二〇代は、自分自身がプロフェッショナルとして実力をつけることによって、「自分がお客様の神様になろう」と考えて実践している。

その結果、お客様とも敬意をベースとした関係を結ぶことができ、お客様からあなたに頭を下げてお願いするようになり、クライアント（＝顧客、依頼主）へと進化させることができる。

伸びる二〇代は、クレームを「時」「場所」「人」を変えて解決する。沈む二〇代は、クレームをすべて一人で処理しようと抱え込む。

クレームは処理しようとするのではなく、解決しようとしなければ本質的には収まらない。

処理とは、もとの状態に戻すことであり、解決とは、もとの状態より一パーセントでも上乗せすることである。

伸びる二〇代は、クレームがあった顧客を上得意先に変身させることもある。

クレーム対応では感情的になっている相手から決して逃げることなく、言い訳することなく、正面から受け止めて包み込む。

そして、相手が散々不満をぶちまけて疲れ切った頃を見計らい、「時」か「場所」か「人」を変えて後ほど責任持って解決策を提案することをやさしく囁く。

「時」というのは一時間後とか明日十三時までに、ということである。

「場所」というのは、こちらから相手先に伺うのか、あるいはどこかで待ち合わせするのか、ということである。

「人」というのは、上司なのか担当者なのか、ということである。

大半のクレームはこれで解決に向けて進む。

沈む二〇代はクレームを一人で抱え込んで撃沈する。

53

伸びる二〇代は、顧客のうち一人からとことん愛される。沈む二〇代は、すべての顧客に愛されようとする。

伸びる二〇代の共通点は、顧客のうちだれか一人から絶賛されるということだ。
すべての顧客から絶賛される必要はない。

そもそも、そんなことは不可能だからだ。
もちろん、すすんで嫌われる必要はないが、たった一人でもいいからとことん愛されるようになると、自然とその周辺にもあなたのファンクラブのようなものができあがり、しっかりとした顧客が確実に増えていくようになる。

これが、商売の王道である。

沈む二〇代は、最初からがんばりすぎてすべての顧客に愛されようとしてしまう。その結果どうなるかというと、最終的にはだれからも愛されることなく、すべての顧客から嫌われてしまう。

それが人生である。

一人からとことん愛されるということは、手を抜くこととはちがう。

むしろ対極である。

目の前の顧客につねに集中してサービスをすることによって、結果として、そのなかから信者のような存在が生まれるということなのである。

信者は「儲」かるという字になる。

伸びる二〇代は、顧客のうち一人からとことん嫌われる。沈む二〇代は、すべての顧客に対して無難に対応できる。

伸びる二〇代は、顧客のうち一人から徹底的に非難される経験をする。

どうしてここまで気が合わないのだろう、というような理不尽な顧客と必ず出会うのだ。

しかし、伸びる二〇代は、そうした顧客からコソコソ逃げ回るようなことはしない。

正面から向き合い、大人の対応をする。

いっぽう、沈む二〇代は、どんなに嫌な顧客とも媚びへつらいながら大事を起こさないようにと無難に対応しようとする。

結果として、すべての顧客から仮に嫌われることはなくなっても、尊敬されることもない。そもそも記憶にすら残らないからだ。

嫌われないようにしよう、という努力は、好かれる努力とはまったくちがうし、ましてや、尊敬される努力とは対極であるといっていい。

じつは、伸びる二〇代は後日、ある経験をすることになる。

自分のことをとことん嫌っていた顧客が、ある日を境に信者に変身する日がやってくるのである。

これには、ほぼ例外がないといっていい。だから人生は楽しい。

伸びる二〇代は、新規開拓が苦手。沈む二〇代は、新規開拓が得意。

意外なことに、伸びる二〇代は新規開拓が苦手である。

一般に新規開拓とは、見ず知らずの会社に飛び込んだり、顔も名前も知らない住宅のインターホーンを鳴らしたりして、圧倒的な量をこなしていく純新規開拓を意味する。

これを愚直にやって気の遠くなるような努力の結果、わずかながらにも成果を出しているのが沈む二〇代である。

もちろん、身も心もボロボロになり、心も荒んでいることが多い。

ところが、苦労して開拓した純新規の顧客は、無理やり契約を結んだために、解約率も高い。

長期的に見たら、ザルで水をすくっているような形になる。

対して、伸びる二〇代にとって新規開拓は、すべて既存顧客からの紹介である。既存顧客のリピーター率は極めて高く、満足度も高いために、何かあった際には必ず声がかけてもらえるような状態にしてある。

既存顧客のリピーター率と、紹介発生率は比例しているのだ。

リピーター率が低ければ、苦労して地獄の新規開拓をせざるを得ない。

伸びる二〇代は、キャンペーンにはコンスタントに入賞。沈む二〇代は、ある時期だけキャンペーンで優勝。

伸びる二〇代は、二〇代のうちに成果を出し続けるコツを習得しているために、とくにキャンペーンのために仕事をしなくても、**普段通りのままの仕事のスタンスで“結果として”入賞する。**

セールスの世界でいえば、上位5パーセント以内の成績をコンスタントに残しており、とくにある時期際立った成果を挙げるということもない。

ただ、不況や業界の動向に応じて、周囲が勝手に低迷していき、相対的に抜きんでるということはある。

いっぽう、沈む二〇代は、一時的なキャンペーンのためのキャンペーンが大好きである。

とにかく目立つことが大切とばかりに、ある時期に集中してすべてのエネルギーをキャンペーンに注ぎ込む。

そのため、お願い営業になったり、こめつきバッタのようにペコペコ頭を下げ続けたりしなければならない。

結果としてヘトヘトになって何とか一回はキャンペーンで入賞するが、後が続かない。

無理なクロージングをしたために、必ずそのしっぺ返しがきて、まもなく急降下が始まる。

伸びる二〇代は、顧客から感激のあまりお礼状が届いた経験がある。沈む二〇代は、いつも社交辞令で「お疲れ様」と言われる。

伸びる二〇代は、顧客から直筆のお礼状が届いた経験を持っている。

それも、本人からしてみたら見返りを期待したわけでもない、何気ない行為に感動されたことによるものが多い。

こうした経験は、その後の人生において非常に大切だ。

くじけそうになった時に、その壁を乗り越えることができるのは、テクニックを知っているか否かではない。

過去の成功体験や、失敗を乗り越えた経験があるという事実である。

顧客からのお礼状は最強の事実であり、確固たる成功体験になるだろう。


自分独自の長所で勝負していれば、必ず一年に一人くらいはあなたの虜になってメロメロになることは間違いない。


いっぽう、沈む二〇代は無難に仕事を乗り切ることが何よりも大切だと考えているため、顧客から「お疲れ様」と声をかけられるくらいだ。

それも、顔をこちらに振り向かせることなく、目の前の仕事を続けながら声だけかけられる。

換言すれば、あなたでなくてもだれでも構わないということなのだ。

伸びる二〇代は、顧客〝感動〟を目指す。沈む二〇代は、顧客〝満足〟を目指す。

一時期、経営コンサルタントがＣＳ（カスタマー・サティスファクション）を連呼していたことがある。

笑い話ではなく、ＣＳを連呼していれば、それだけでコンサルティング契約を結べた時代が確実にあったのだ。

しかし、すでに顧客はＣＳに慣れ切ってしまった。

ＣＳなんて当たり前で、ＣＳをしたところで平均点に過ぎない。

平均点というのはつまり、〇点ということである。

伸びる二〇代は、顧客を満足させるのではなく、〝感動〟させることを目指す。満足というのは、顧客の期待を一〇〇パーセント満たすことだが、感動というのは顧客の期待を一パーセント超える、つまり、一〇一パーセント満足させることなのだ。

わずか一パーセントの差が極めて大きい。

一〇〇パーセントではリピーターにもならないし、紹介も発生しないが、一〇一パーセントであれば、リピーターと紹介があふれるからだ。

沈む二〇代は、苦労して一〇〇パーセントの満足を目指すのだが、あと一パーセントを超えられないために、努力がいつまで経っても報われないのだ。

伸びる二〇代は、名刺交換の際、名前と顔を憶えようとする。沈む二〇代は、名刺交換の際、社名と役職を憶えようとする。

恐ろしいことに、名刺交換のシーンを見ただけで将来がわかってしまう。

伸びる二〇代は、名刺交換の際に目の前の人の名前と顔を憶えようとする。

つねに、目の前の人を大切に思う気持ちを忘れずに、全力投球するのが伸びる二〇代のスタンスである。

名刺交換の際に名前を憶えるコツは簡単である。

1．フルネームで声に出して確認する。
2．面談中に何度も名前で呼ぶ。
3．別れた後、お礼メールをする。
4．その日の終わりにハガキを書く。

これだけで相手から返事のメールが来たり、お返しの電話やハガキが届いたりするので、グンと記憶に残る。

いっぽう、沈む二〇代は、名刺交換の際に社名と役職を憶えようとするだけだ。社名は、知っているか否か、役職は自分より上か下か、つまり、相手は自分より上の人物か下の人物かのチェックに忙しく、面談中に至ってもそれを確認するまで落ち着かない。

結局、相手の名前は別れた途端に忘れてしまい、出逢いを無駄にする。

伸びる二〇代は、顧客と大人のケンカができる。沈む二〇代は、顧客にキレる。

伸びる二〇代は、大人のケンカができる。

大人のケンカというのは、相手に「自分が誤っていたかもしれない」と気づかせてあげることだ。

だから、相手を言い負かそうとしてはいけないし、威嚇するのも逆効果である。

口論になった際に、相手を言い負かしたり、相手を威嚇したりしては、相手はこちらに対して恨みを持つだけである。

沈む二〇代は、顧客にキレてしまう。

典型的な沈む二〇代の自慢話に、「顧客にキレちゃったら、相手がビビっちゃってさ」というのがある。

この場合、相手は未熟さに〝ビビった〟のであって、力に驚いたのでは断じてない。

勘違いした沈む二〇代は、〝キレる〟行為を何かあった際に乱射して、結局社内外ともに周囲にだれもいなくなる。

伸びる二〇代は、その場ではいったん負けたふりをしたりするが、しばらく時間をおいたら、結局は思い通りに事を進めるものだ。

大人のケンカは、負けているように見えるほうが強く、キレているほうが弱いのだ。

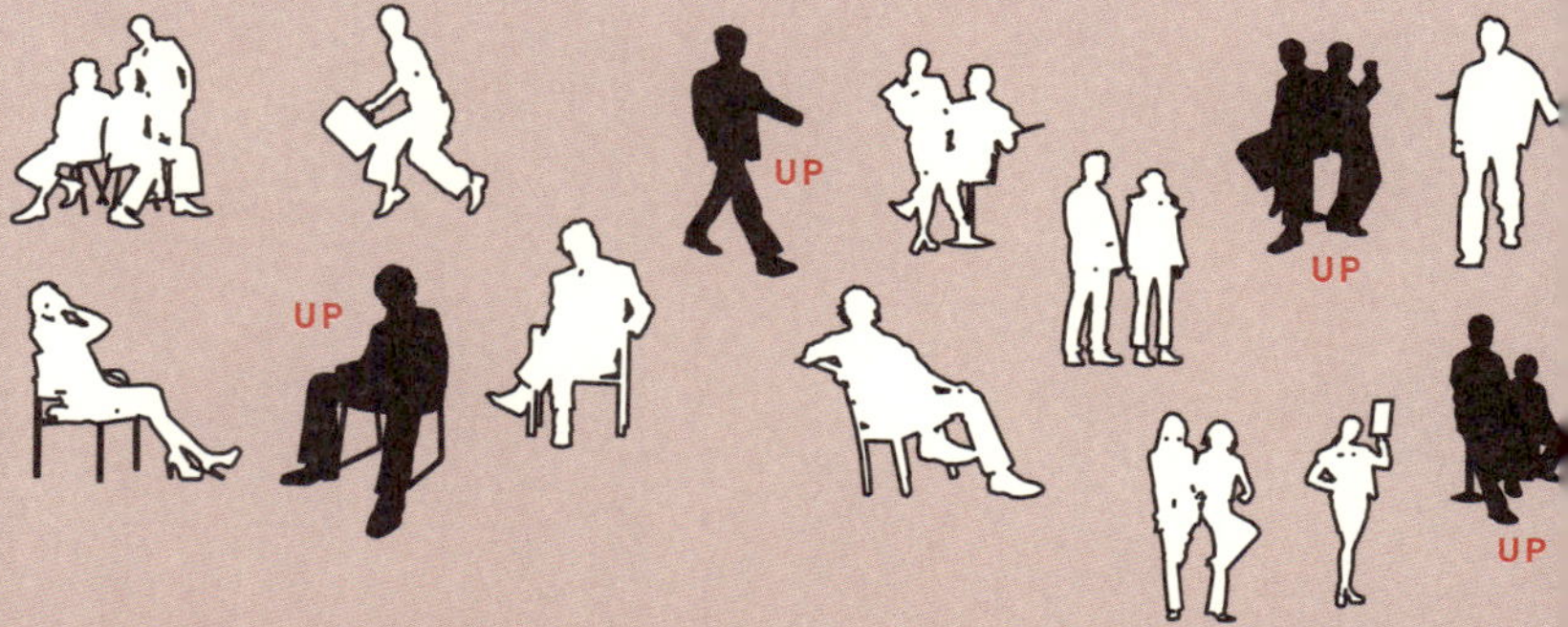

第七章

お金の使いかた

伸びる二〇代は、脳みそに投資する。沈む二〇代は、ちょこちょこ貯金する。

伸びる二〇代は、給料のかなりの部分を自己研鑽に使う。

じつは、お金持ちになってからお金を投資するのは本当の投資家ではない。

名もなく貧しい頃から投資するのが、本当の投資家である。

株やデリバティブも投資の一種である。

しかし、**もっともローリスク・ハイリターンの投資は、自分の脳みそへの投資である。**

株やデリバティブでは、一〇〇万円など一瞬で消えたり上下したりするが、自分自身の脳みそへの投資で一〇〇万円使うとなると、かなりの効果が期待できる。本であれば数百冊は買えるし、けっこうな額を請求するような有料セミナーにも数十回参加できる。

オーディオブックなどもかなり大量に購入できるはずだ。

なけなしのお金を貯金したり、少ない軍資金で株やデリバティブをしたりするのも全面的に否定はしないが、脳みそへの投資によって年収を増やしたほうが遥かに高効率だろう。

脳みそに投資する過程では、二〇代でも同様に意識の高い人たちと知り合える点も見逃せない。

伸びる二〇代は、最初に靴にお金をかける。沈む二〇代は、最初にスーツにお金をかける。

ビジネスに限らず、身だしなみは大切である。

そのなかでも、いざとなった際に「若いのに、なかなかやるな」と思わせることができるものに、靴にお金をかけるというのがある。

伸びる二〇代は、靴だけは分不相応ともいえるほどにいい靴を履いて手入れも充分にしている。

ハッキリいって靴は目立たない。

最初に目に飛び込むのはスーツ、ネクタイ、ワイシャツ、カバン、時計であり、靴は二の次三の次である。

しかし、二回目以降会うとなれば話は別だ。

靴を脱ぐ機会があったり、ふと足もとに視線をやったりする際に、一度気になると、どうしても気になってしまうのが靴である。

いくらスーツが立派でも、靴が貧相で薄汚れていたらスーツも安っぽく見える。逆に、靴がとびきりすばらしければ、じつはスーツもすごいのではないか、と思えてくるから不思議だ。

沈む二〇代は、ブランド品のスーツで身を固めているが、靴で手を抜いてしまい、スーツの力を相殺する。ブランド品のスーツも靴も値段はそれほど大差ない。

63

伸びる二〇代は、ワイシャツをオーダーメイドする。
沈む二〇代は、ワイシャツはブランドの既製品。

伸びる二〇代は、自分の体にジャスト・フィットしたワイシャツを着こなしている。

一度経験すればわかるが、ワイシャツというのは、既製品に自分の体を合わせていたのがバカバカしくなるくらいに、オーダーメイドのほうが心地よい。

これは、お洒落のためだけではなく、余計なところで不快を感じないため、仕事に集中できるという意味においても非常に意味がある。

すべてが既製品通りの体型の人は、滅多におらず、たいていは腕が長すぎたり短すぎたり、胸囲が大きすぎたり小さすぎたりするものだ。

電車のなかで吊り皮につかまった瞬間に、沈む二〇代はわかる。

既製品だと、スーツから不格好にワイシャツの袖が異様に飛び出していたり、反対に、奥のほうに隠れてしまってスーツからそのまま手首が出ていたりする。

こうした一つひとつが目の前の仕事から気を逸らせることになり、マイナスなのだ。

じつは、オーダーメイドはブランドの既製シャツよりも安いくらいだ。

伸びる二〇代は、超一流ホテルのスタンダードダブルの部屋に泊まる。沈む二〇代は、二流ホテルのスイートルームに泊まる。

伸びる二〇代は、いざ勝負のときには超一流のスタンダードダブルの部屋に泊まるが、沈む二〇代は、二流ホテルのスイートルームに泊まる。

超一流ホテルのスタンダードダブルと二流ホテルのスイートルームは、後者のほうが値段は高い。

しかし、得るものは明らかに前者のほうが多い。

超一流のもっとも安い部屋に宿泊しても、サービスをするのはそのホテルのスタッフがすることには変わりがないし、部屋のつくりも超一流である。

宿泊客や何気なく食事をしている顧客など、すべてにおいて超一流に触れることができる。

いっぽう、二流ホテルのスイートルームは、部屋は広いだろうが、実際にサービスをするのはそのホテルのスタッフだし、部屋のつくりも二流の延長線上である。

もちろん、宿泊客も食事をしている顧客も超一流ホテルとは大きく違ってくるはずだ。

若い頃に超一流に触れておいて、ギャップを感じたり、恥をかいたりしておく経験は、三〇代以降で必ず活きる。

伸びる二〇代は、ホテルラウンジで一〇〇〇円のコーヒーを、お代わりし放題。沈む二〇代は、公園のベンチで缶コーヒーをする。

伸びる二〇代は、外回りでよくサボる。
沈む二〇代も、外回りでよくサボる。

一見表面上は同じだが、中身がまったくちがう。

伸びる二〇代は、高級ホテルの喫茶ラウンジで、コーヒーを優雅に飲んで思索にふける。

そこでは、ピアノやバイオリンの優雅な音色が聴こえてくることもあるし、客層も成功者が多く、おまけにコーヒーはお代わり自由だから、一時間程度なら十分にゆったり考え事ができる。

いっぽう、沈む二〇代は、公園のベンチに座って缶コーヒーをすすっている。公園のベンチではまともに思索などできないし、何よりも、公園のベンチにふさわしい表情になってくるのだ。

これは、三〇代や四〇代になっても、公園のベンチに座ってサボっているビジネスパーソンを見ればわかるはずだ。その人たちが、組織で重要な役割を担っているとは考えにくいだろう。

どこで何を食べて、どこでお茶を飲むかといったことは、何気ないことだが、三〇代になったらそのまま顔に出てくるのだ。

66

伸びる二〇代は、自腹でグリーン車に乗る。沈む二〇代は、長蛇の列に並んで席取り合戦する。

新幹線でグリーン車に乗る人は、エグゼクティブしか許されないのだろうか？
飛行機でスーパーシートに乗るのは、取締役だけだろうか？
ちがう。

伸びる二〇代は、たとえ出張経費で特別席の費用が会社から出してもらえなくても、自腹で座る。

自由席や一般席と、特別席ではシートの広さがちがうだけではなく、座っている人がちがう。

自由席に座り続けている限り、絶対に起こらないような出来事が高い頻度で起こる。

新幹線のグリーン席や、飛行機の国内便でスーパーシートに乗っていると、有名人がごく当たり前のように座っているところに遭遇する。

そうした環境に、二〇代の頃から積極的に身を置くことが、三〇代以降で活きてくるということである。

可能であれば、通勤電車にも指定席や特別席があれば迷わず乗るべきである。沈む二〇代は、お金がないからといって、長蛇の列に並んで席取り合戦に参加している。

しかし、そうした沈む二〇代は、定年までお金がないままだということだ。

伸びる二〇代は、経費の使い方に厳しい。沈む二〇代は、水増し請求の研究に熱心。

伸びる二〇代は、課長や部長以上に会社の経費の使い方に厳しい。

会社のお金は他人のお金だと考えて、自分のお金以上に慎重に使わなければならないと考えている。

自分のお金に関しては、比較的積極的に使うが、会社の経費に関しては、そのほうが効率は高いと判断した場合をのぞいては、原則、安いほうを選択しようと考えている。

いっぽう、沈む二〇代は、交通費はじめ、いかにして水増し請求をするかの研究に熱心である。

もちろん、こうした小賢しさは三〇代、四〇代になると、ますます磨きがかかってくる。

つまり、経費の使い方というのは、その人の生きざまであり、思想のすべてが顕れるといっていい。

経費を水増し請求する人は、一般に実際の実力よりも自己評価が高い。

身近な経費の扱いにすら屈伏してしまうようでは、経営者感覚にはほど遠いため、いつまで経っても人の上には立てない。

伸びる二〇代は、すでに経費の使い方を通して、経営者感覚を身につけているのだ。

伸びる二〇代は、日当に上乗せしてきちんとした食事をする。沈む二〇代は、日当を浮かせてお小遣いにする。

伸びる二〇代は、日当は自分自身の経費と割り切っており、小遣いとして貯め込むようなマネは断じてしない。

日当の本来の意味は、出張などによって発生した服や靴の消耗を補うものである。

本来出張しなければ、発生しなかったであろう費用の発生を、会社が支払ってくれているのである。

つまり、「出張ごくろうさん」という意味のお小遣いではない。

会社によって額の差はあるにせよ、**出張中はきちんとした食事をする、出張用の整髪料や身支度にきちんとお金をかける、といったように、あくまでも仕事の効率アップのために使うべきなのだ。**

沈む二〇代は、日当を使うことを極端に嫌う。

いかにして日当以内で経費を抑えるかに必死である。

とかく、日当は給料の延長線上にあり、貴重な収入源であると考えて出張を喜ぶ人が多い。

ところが、日当を目的に出張するようになったら人間おしまいだ。

日当は、自分の稼ぎとはいっさい関係のない経費であることを肝に銘じたい。

伸びる二〇代は、お札の向きが揃っている。沈む二〇代は、財布のなかがごちゃごちゃ。

その人の整理力は、財布を見れば、じつによくわかる。

伸びる二〇代の財布の中身は、きちんと整理整頓されており、薄暗いなかでもどこに何が入っているのかが把握できている。

「整理」とは、必要ないものを捨てて、必要なものだけを残すことであり、「整頓」とは、必要なものがいつでも取り出せるように、わかりやすく並べることである。

財布の中身のお札が美しく揃《そろ》っている人は、デスクの上はもちろんのこと、資料や頭の中身まで、きちんと整理整頓されている。

いっぽう、沈む二〇代は、財布の中身がごちゃごちゃであり、デスクの上も資料もごちゃごちゃである。

いうまでもなく、頭の中身もごちゃごちゃで整理整頓されていない。

お店で勘定の際にもたつく人というのは、概して財布の中身が整理されておらず、机の上も汚く、仕事もサッパリできない人が多い。

まずは、財布のなかにはいっているお札の向きを揃えるだけでいい。

次は机の上が変わり、頭の中身も変わるから。

伸びる二〇代は、自腹で会社の近くに引っ越す。沈む二〇代は、独身寮から満員電車で片道一時間かけて通う。

伸びる二〇代は、朝の満員電車をひどく嫌う。
無意味な苦行だと考えるようになる。

最初は始発に乗って快適に通勤し、だれよりも早く出社することも経験するが、しだいに睡眠時間を確保して、往復通勤時間に無駄なエネルギーを消耗しないようにするためには、自腹で会社の近くに引っ越して、徒歩か自転車通勤したほうが遥かに有意義であることに気がつく。

会社にきちんと交渉すれば、独身寮から通勤している往復交通費は引き続きもらえることも多いし、住宅補助も出る可能性があるから、実際に支払う家賃も考えているほどではない。

仮に、一〇〇パーセント自腹になったとしても十分にもとは取れる。

まず、**毎日睡眠時間が二時間以上余分に取れる魅力。**

往復通勤時間と満員電車のなかで失うエネルギーもいっさいなくなる。

フレッシュな気分で毎朝仕事に臨むことができ、仕事が終わったら同僚はこれから一時間の満員電車が待っているが、あなたはすぐに帰宅して好きなだけ休養も取れる。

エピローグ
友人は、失敗によってではなく成功によって失う。

二〇代は、まだみんな学生気分が一パーセント残っている。

学生気分とは何か。

それは、傷をなめ合う仲間を失うことへの恐れである。

しかし、「伸びる二〇代」にとって群れる仲間を失うのは、必ず経験しなければならない道である。


当たり前だが、「伸びる二〇代」より「沈む二〇代」のほうが数の論理から言ったら圧倒的多数である。

そもそも本書を手にとって読んでいるほどの読者は、間違いなく少数派の「伸びる二〇代」の予備軍である。

友人は失敗によって失うとよく言われている。

ところが、実際にはちがう。

失敗すると、昔の仲間や周囲の不平不満に満ちた同僚がまるでどこかの宗教団体のように群がってきて、孤独にならずに済むくらいだ。

見かけの友人は多く見えるし、死ぬまで一生愚痴を言い合って傷をなめ合うこともできる。

笑い話ではなく、一度これを味わったら、そのグループから抜け出すのは難しい。ほぼ不可能と言ってもいいくらいだ。

反対に成功すると不思議なことが起こる。

いままで、あんなに悩み事の相談に乗ってくれていた連中や、「何かあったら力になるよ」と会うたびに励ましてくれた同僚は、そそくさとバツが悪そうに去っていくではないか。

ここで孤独を恐れて媚びてしまってはいけない。

またすぐに、もとのグループに舞い戻って、同じ人生の繰り返しで死んでいくことになる。

これは、二〇代に限らず、三〇代以降の人生も繰り返されるといっていい。

一つだけ憶えておいて欲しい。

それは、成功したことによって周囲の窓がバタバタとすべて閉まったとしても、まもなく、必ず別の新しい、いままで見たこともない窓が開くのだ。

これには、例外がない。

その別の新しい窓が開くことを知らずに、もとのグループに舞い戻ってしまった「沈む二〇代」たちのいかに多いことか。

ぜひ、本書の読者には窓が開く前に背を向けることだけはして欲しくない。

二〇代ではそれを体験するだけで十分だ。

千田琢哉

陰口は、未来税。
陰口を言われるのは、未来ある証拠。

スペシャルサンクス・参考文献

『これについて意見のある人』(中谷彰宏著/メディアファクトリー/1992.5)
『会社が放り出したい人・1億積んでもほしい人』(堀紘一著/PHP研究所/2004.11)
『組織の中で成功する人の考え方』(アラン・ダウンズ著/きこ書房/2002.8)
『非常識に儲ける人の1億円ノート』(起業家大学著/三笠書房/2004.1)
『継続的に売れるセールスパーソンの行動特性88』(千田琢哉著/マネジメント社/2009.6)

ほか今まで読んだ10,000冊以上の本

著者プロフィール

千田琢哉（せんだ・たくや）

次代創造館、代表　イノベーション・クリエイター。
東北大学教育学部教育学科卒。日系保険会社本部、経営コンサルティング会社勤務を経て独立。コンサルティング会社では、多くの業種業界における大型プロジェクトのリーダーとして戦略策定からその実行支援に至るまで陣頭指揮を執る。のべ3,300人のエグゼクティブと10,000人を超えるビジネスパーソンたちとの対話、コンサルティング業界という人材の流動性が極めて高い環境に自ら身を置くことによって得た事実と培った知恵を活かし、執筆・講演・ビジネスコンサルティングなどの活動を行うとともに、多数の上場企業、商工会議所、TSUTAYAビジネスカレッジ等の研修講師、複数の組織で社外顧問を務める。著書に『伸びる30代は、20代の頃より叱られる』（きこ書房）、『転職1年目の仕事術』（ディスカヴァー・トゥエンティワン）、『こんなコンサルタントが会社をダメにする！』、『社長！この「直言」が聴けますか？』、『「あなたから保険に入りたい」とお客様が殺到する保険代理店』（以上、日本実業出版社）、『継続的に売れるセールスパーソンの行動特性88』、『存続社長と潰す社長』、『尊敬される保険代理店』（以上、マネジメント社）等がある。また、週刊ダイヤモンド、月刊人事マネジメントなどにインタビュー取材を受ける。現在、南青山在住。

E-mail：info@senda-takuya.com

HP：次代創造館　検索

20代で伸びる人、沈む人

2010年4月30日　第1刷発行
2010年11月5日　第7刷発行

著者　千田琢哉
発行人　川口徹
編集人　松隈勝之
発行所　きこ書房
〒163-0264　東京都新宿区西新宿2-6-1　新宿住友ビル22階
電話　03-3343-5364
ホームページ　http://www.kikoshobo.com
カバー　萩原弦一郎（デジカル デザイン室）
本文　デジカル デザイン室

印刷　新灯印刷株式会社　製本　東京美術紙工協業組合

ISBN978-4-87771-261-7